Mein allererstes Wörterbuch

English for Kids

Mein allererstes Wörterbuch

English for Kids

OTUS

Das deutsche ABC
The German ABC

A

Anker
anchor

B

Bleistift
pencil

C

Clown
clown

D

Dinosaurier
dinosaur

E

Eiscreme
ice-cream

F

Frosch
frog

G

Glocke
bell

H

Herz
heart

I

Igel
hedgehog

J

Jacke
jacket

K

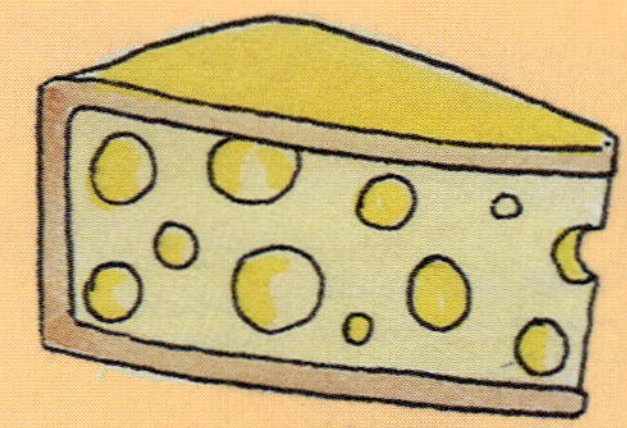

Käse
cheese

L

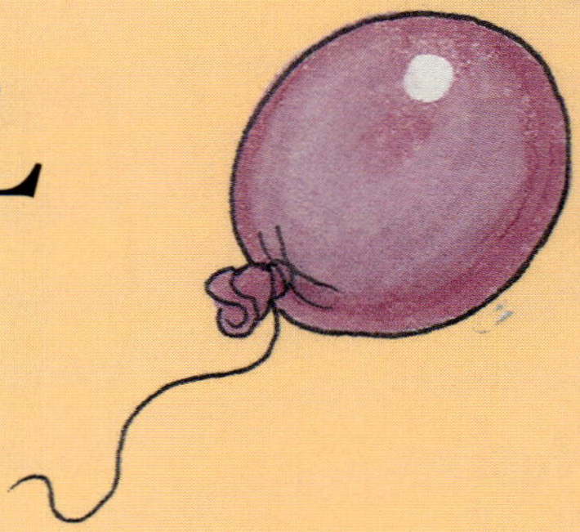

Luftballon
balloon

M

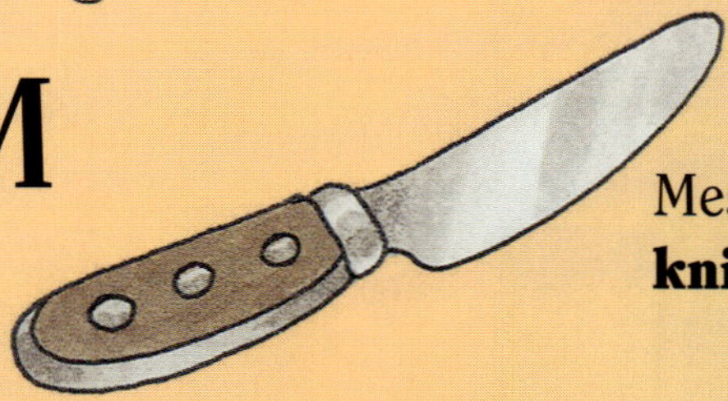

Messer
knife

N

Nagel
nail

O

Orange
orange

P

Pinsel
brush

Q

Qualle
jelly-fish

R

Rose
rose

S

Stern
star

T

Tomate
tomato

U

Uhr
clock

V

Vulkan
volcano

W

Würfel
dice

X

Xylophon
xylophone

Y

Yacht
yacht

Z

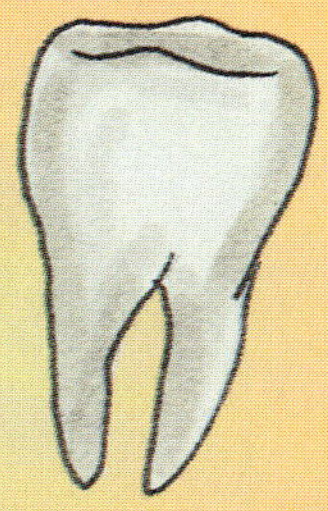

Zahn
tooth

The English ABC

A

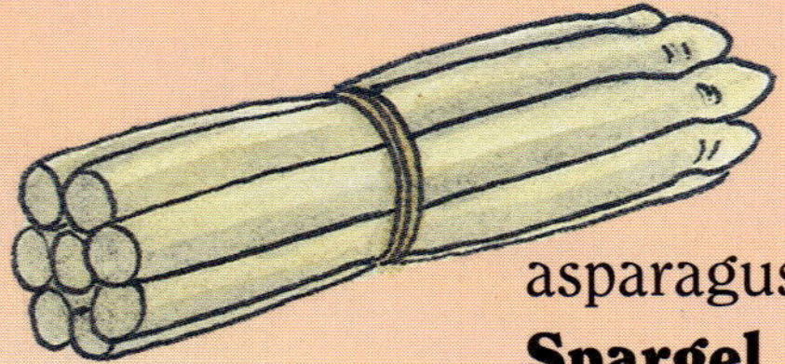

asparagus
Spargel

B

bear
Bär

C

cap
Mütze

D

dustbin
Abfalleimer

E

egg
Ei

F

fish
Fisch

G

gold bar
Goldbarren

H

heart
Herz

I

ice-cream
Eiscreme

J

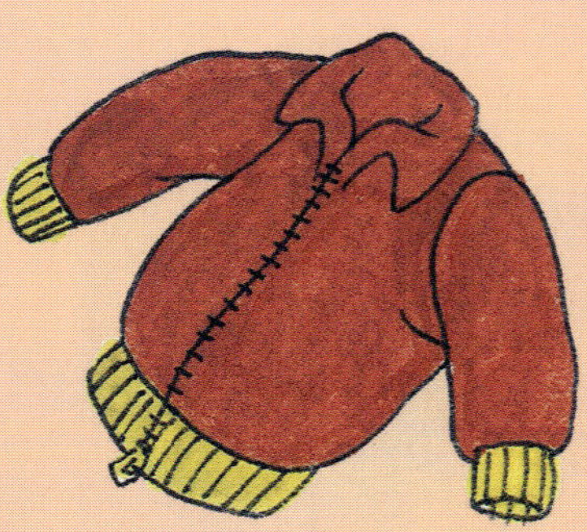

jacket
Jacke

K

knife
Messer

L

letter
Brief

M

money
Geld

Das englische ABC

N

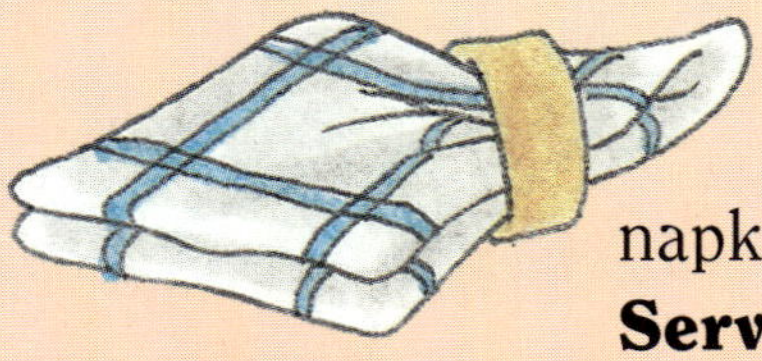

napkin
Serviette

O

orange
Orange

P

present
Geschenk

Q

queen/king
Königin/König

R

raft
Floß

S

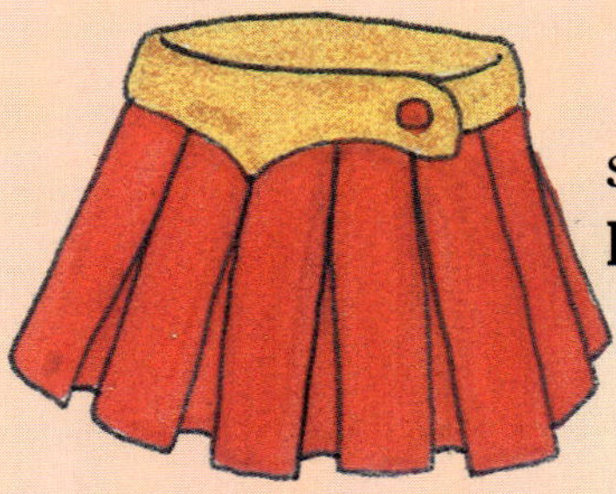

skirt
Rock

T

turtle
Schildkröte

U

umbrella
Regenschirm

V

vase
Vase

W

wheel
Rad

X

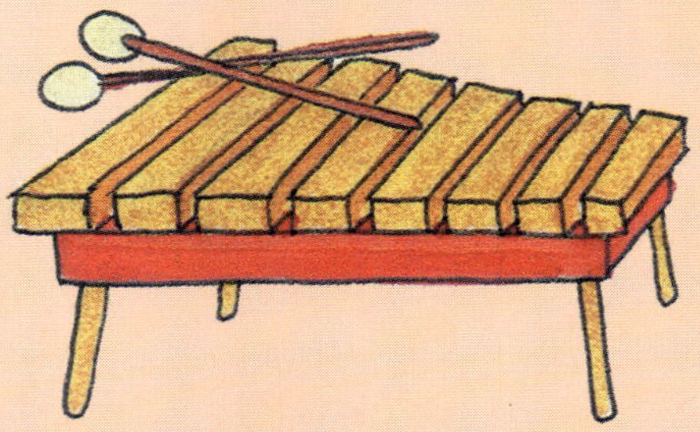

xylophone
Xylophon

Y

yarn
Garn

Z

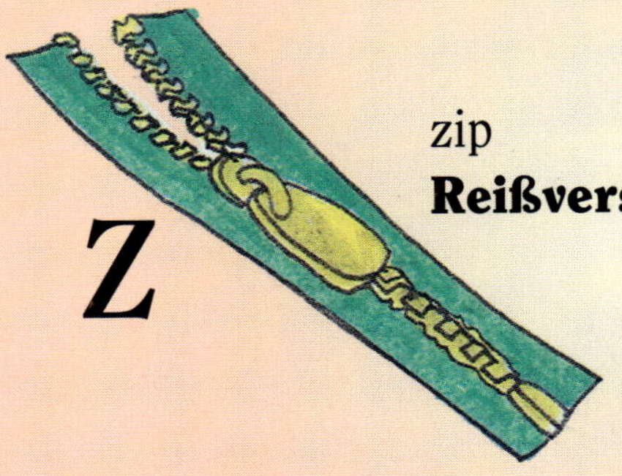

zip
Reißverschluss

Zahlen
Numbers

1

eins
one

2

zwei
two

3

drei
three

4

vier
four

5

fünf
five

6

sechs
six

7

sieben
seven

8

acht
eight

9

neun
nine

10

zehn
ten

11

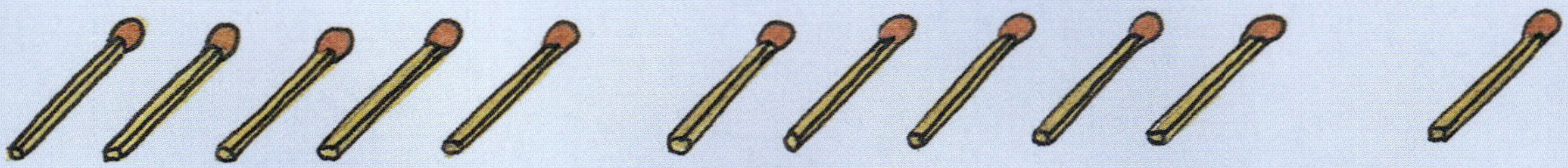

elf
eleven

12

zwölf
twelve

13

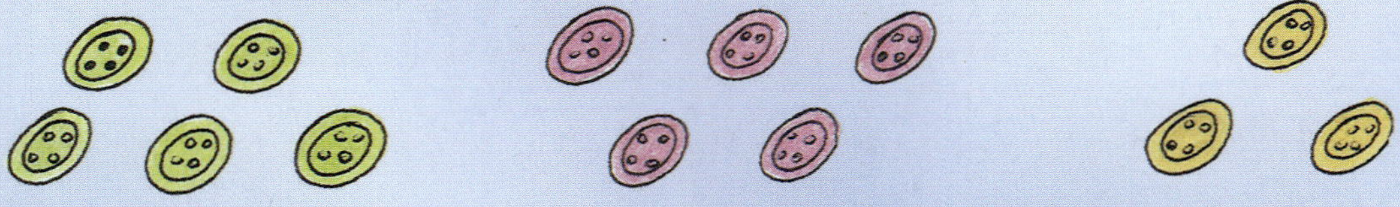

dreizehn
thirteen

14

vierzehn
fourteen

15

fünfzehn
fifteen

16

sechzehn
sixteen

17

siebzehn
seventeen

18

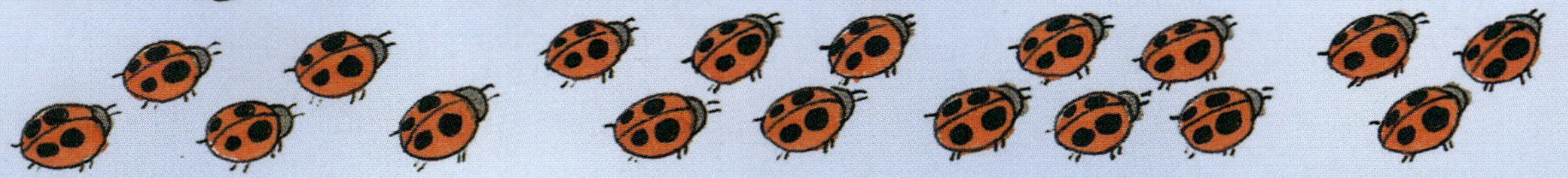

achtzehn
eighteen

19

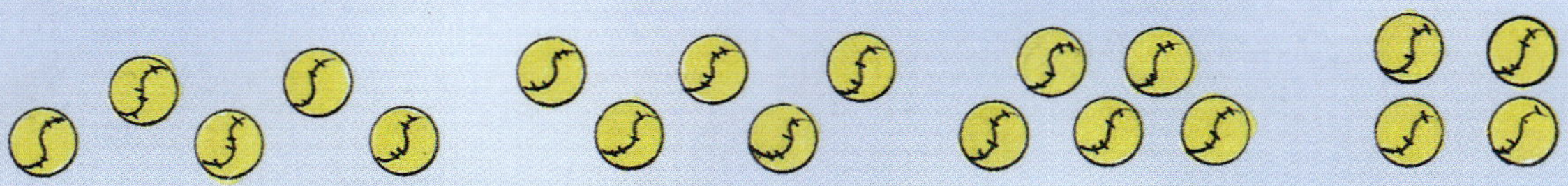

neunzehn
nineteen

20

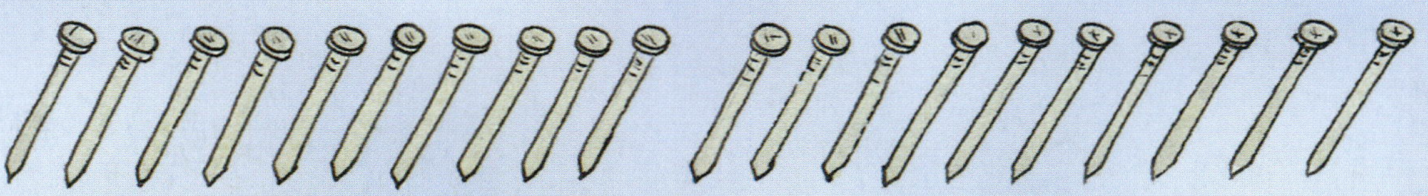

zwanzig
twenty

Im Haus
Indoors

Schornstein
chimney
Antenne
aerial
Fernsehapparat
television set
Sessel
armchair
Kinderzimmer
nursery
Bild
picture
Bad
bathroom
Fenster
window
Fußboden
floor
Wand
wall
Klingelknopf
bell-push
Kamin
fire-place
Treppe
stairs
Briefkasten
letter-box
Telefon
telephone
Wohnzimmer
living room
Teppich
carpet
Hauseingang
entrance
Couch
couch

Er wäscht sein Gesicht.
He washes his face.

Er putzt sich die Zähne.
He brushes his teeth.

Er zieht sich an.
He dresses himself.

Er macht sein Bett.
He makes his bed.

Er geht davon.
He walks away.

Ein neuer Tag
A New Day

Kleidung
Clothes

Schlafanzug
pyjamas

Unterwäsche
underwear

Kappe
cap

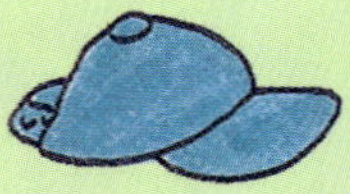

Hemd
shirt

kurze Hose
shorts

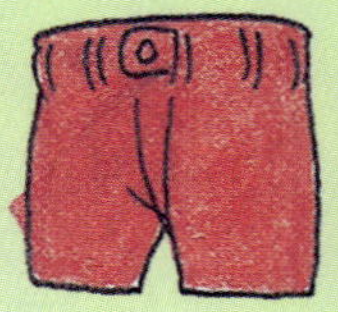

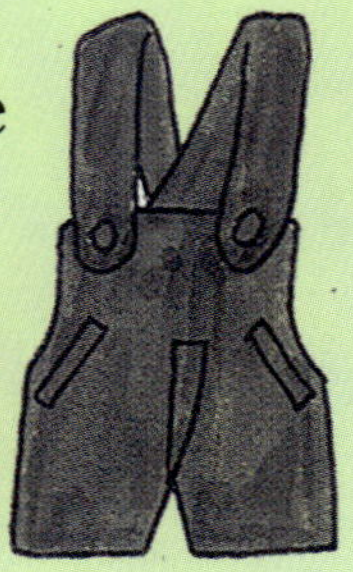

Hose
trousers

Krawatte
tie

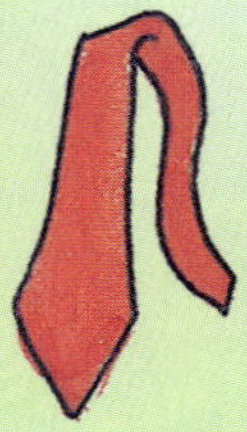

Pullover
sweater

Socken
socks

Mütze
cap

Schal
scarf

Schuhe
shoes

Handschuhe
gloves

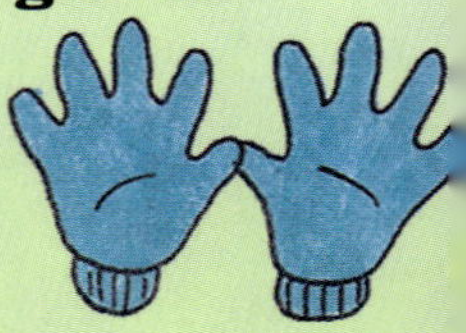

Jacke
jacket

Mantel
overcoat

Regenmantel
raincoat

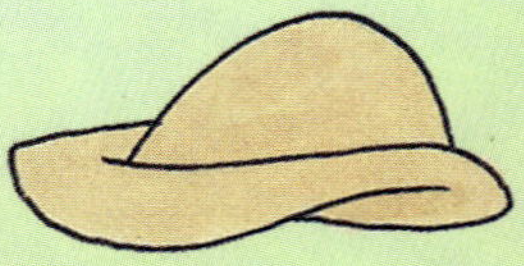

Hut
hat

Stiefel
boots

Nachthemd
night-gown
Unterrock
petticoat
Höschen
panties
Haarschleife
hair-ribbon
Ohrenschützer
earflap
Bluse
blouse
Rock
skirt
Kleid
dress
Strümpfe
stockings
Schuhe
shoes
Fäustlinge
mittens
Geldbeutel
purse
Anorak
anorak
Schneeanzug
snow suit
Taschentuch
handkerchief
Handtasche
handbag
Stiefel
boots

Essen und Trinken
Eating and Drinking

Kuchen
cake
Flasche
bottle
Suppe
soup
Glas
glass
Pudding
pudding
Salat
salad
Eis
ice-cream
Zahnstocher
toothpicks
Salz
salt
Pfeffer
pepper
Gabel
fork
Messer
knife
Löffel
spoon

Kühlschrank
refrigerator
Besen
broom
Gefrierfach
freezer
Staubsauger
vacuum cleaner
Waschmaschine
washing-machine
Rührschüssel
mixing bowl
Korkenzieher
corkscrew
Schaumschläger
egg beater
Teelöffel
teaspoon
Esslöffel
tablespoon
Pfeffermühle
pepper mill
Rührmaschine
electric mixer
Holzbrettchen
cutting board

In der Küche
In the Kitchen

Fahne
flag
Klassenzimmer
classroom
Wand
wall
Landkarte
map
Fenster
window
Auto
car
Ampel
traffi
light
Telefonzelle
telephone box
Regal
shelf
Papierkorb
waste-paper-basket
Truhe
chest
Fußboden
floor
Leiter
ladder
Teppich
carpet

In der Schule
At School

Musikinstrumente
Musical Instruments

Dirigent
conductor

Rassel
rattle

Kesselpauken
kettle drums

Gitarre
guitar

Elektronische Orgel
keyboard

Cello
cello

Ziehharmonika
accordion

Trompete
trumpet

E-Gitarre
e-guitar
Harfe
harp
Schlagzeug
drums
Flöte
flute
Triangel
triangle
Posaune
trombone
Geige
violin
Tuba
tuba
Saxophon
saxophone
Tamburin
tambourine
Klavier
piano
Klarinette
clarinet
Trommel
drum

Malen und Zeichnen
Painting and Drawing

schwarz **black**

weiß **white**

grau **grey**

Pinsel **brush**

rot/**red** gelb/**yellow**

blau/**blue** gelb/**yellow**

rot/**red** blau/**blue**

rot/**red** blau/**blue** gelb **yellow**

orange **orange**

grün **green**

violett **violett**

braun **brown**

Tinte **ink**

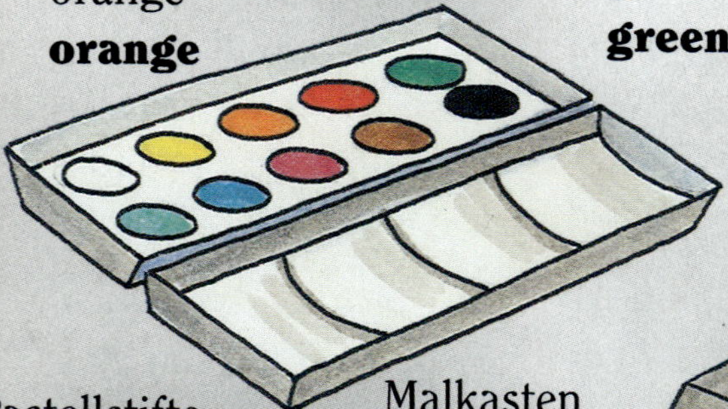

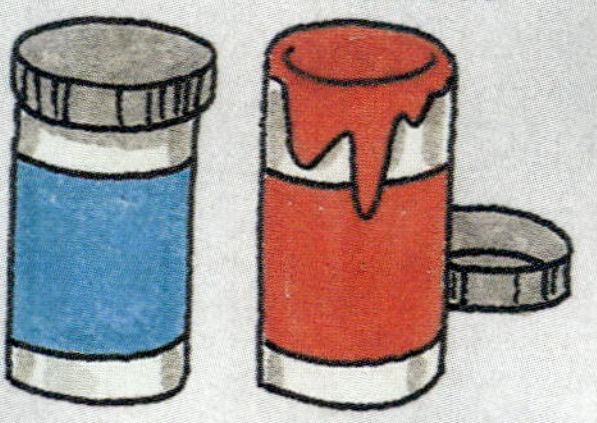

Malkasten **colour-box**

Radiergummi **rubber**

Pastellstifte **pastels**

Füllfederhalter **pens**

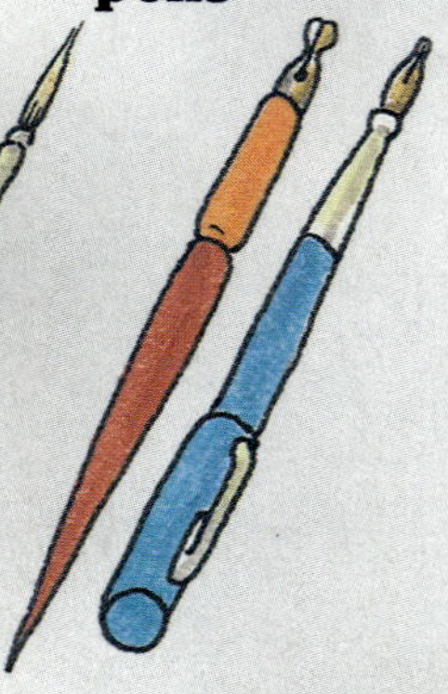

Bleistifte **pencils**

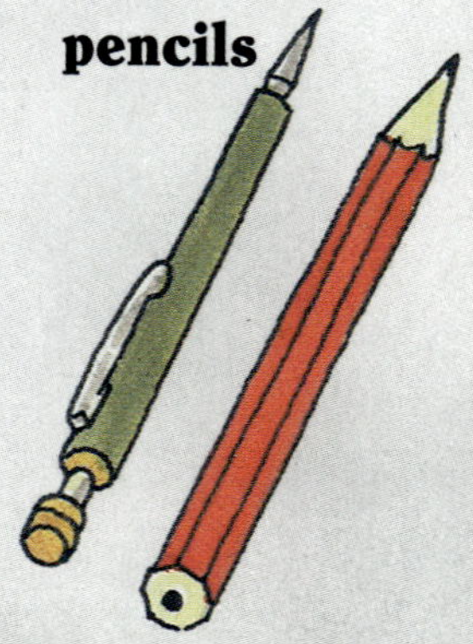

Künstler
artist
Plakat
poster
FLP
Pastellbild
pastel
Stillleben
still life
Stafflei
easerl
Modell
model
Leinwand
canvas
Palette
palette
Bleistiftzeichnung
pencil drawing
Farbe
colour
Papier
paper

In den Ferien
On Holiday

Wolke
cloud
sonne
sun
Auto
car
Segelboot
sailing-boat
Surfbrett
surfboard
Wasserballspiel
water-polo
schwimmen
to swim
Delphin
dolphin
Fisch
fish
Wellenreiten
surf-riding
Wasserski
water-ski

Am Strand
On the Beach

Sonne
sun
Palme
palm
Möwe
sea -gull
Fernrohr
telescope
Badekabinen
bathing-cabin
Sonnenschirm
sunshade
Ruderboot
rowing-boat
Strandläufer
sandpiper
Fisch
fish
Muschel
shell
Qualle
jelly-fish
Krebs
crab
Rochen
skate
Schatz
treasure
Hummer
lobster

Auf dem Spielplatz On the Playground

Karussell
merry-go-round
Murmeln
marbles
Klettergerüst
jungle gym
Fußball
football
Rollschuhe
roller skates
Seilspringen
skipping
Drachen
kite
Sandkasten
sand pit
Himmel-und-Hölle-Spiel
hopscotch
7
8
9

Schaukelpferd
rocking horse

elektrische Eisenbahn
electric train

Ball
ball

Bauklötze
blocks

Spiel
game

Spielzeugboot
toy boat

Teddybär
teddy bear

Würfel
dices

Wiege
cradle

Spielzeug
Toys

Ausflug
Trip

aufs Land
into the Country

Im Zirkus
In the Circus

Trapezkünstler
trapeze artist
Trapez
trapeze
Kartenverkäufer
ticket seller
Löwenbändiger
lion-tamer
Manege
ring
dressierter Elefant
trained elephant
Käfig
cage
Sägemehl
sawdust
ressierter Seelöwe
ained sealion
Clown
clown
Gewichtheber
weight-lifter

In der Stadt
In the City

Buchhandlung
Ballett-Schule
BAR "PAMPA" RESTAUR
DARMSTÄDTERSTR.
BIO-LADEN SAN JOSE
TAXI
Hotel
hotel
Ladengeschäft
shop
Restaurant
restaurant
Straße
street
Zebrastreifen
zebra crossing
Lieferant
supplier
Bürgersteig
pavement

Auf der Straße
On the Road

Motorroller
scooter

Briefkasten
letterbox

Verkehrsampel
traffic light

Fußgängerampel
pedestrian light

Litfaßsäule
pillar

Telefonzelle
telephone box

Bushaltestelle
bus stop

Fahrrad
bicycle

Mülleimer
dustbin

Im Supermarkt

In the Supermarket

Bananen
bananas
Ananas
pineapple
FRÜCHTE
Früchte
fruits
Gemüse
vegetables
GEMÜSE
Birnen
pears
Grapefruits
grapefruits
Äpfel/apples
Orangen
oranges
Kirschen
cherries
Weintrauben
grapes
Zitronen
lemons
Melonen
melons
Petersilie
parsley
Pflaumen
plums
Erdbeeren
strawberries
Himbeeren
raspberries
Erbsen
peas
Spinat
spinach
Kokosnuss
coconut
Spargel
asparagus
Tomaten
tomatos
Wassermelone
watermelon
Kartoffeln
potatoes
Bohnen
beans
Maiskolben
corn-cobs
Kürbis
pumpkin
Rettich
radish
Kopfsalat
lettuce
Zwiebeln
onions
Blumenkohl
cauliflower
Gurken
cucumbers
Spaghetti
spaghetti
Kuchen
cake
Milch
milk
Eier
eggs
Käse
cheese
Saft
juice

Auf dem Bauernhof
On the Farm

Apfelbaum
apple-tree
Vogelscheuche
scarecrow
Heuboden
hayloft
Kuh
cow
Heugabel
hayfork
Lastwagen
lorry
Kuhstall
cow-shed
Schweinestall
pigsty
Heuwagen
haycart
Maisspeicher
corncrib
Schilf
reed
Schwein
pig
Teich
pond
Ente
duck
Katze
cat

Baum
tree
Leiter
ladder
Schuppen
shed
Gießkanne
watering-can
Blumentopf
flower-pot
Schubkarre
wheel-barrow
Rechen
rake
Steine
stones
Tomatenpflanzen
tomato plants
Äpfel
apples
Gärtner
gardener
Blumenkohl
cauliflower

Im Garten
In the Garden

Blumen
Flowers

Biene
bee
Schmetterling
butterfly
Harke
rake
Pflanzenheber
trowel
Käfer
beetle
Glockenblume
bell-flower
Samen
seed
Feuerlilie
orange lily
Blumentopf
flower-pot
Blumenkorb/flower-basket
Winde
morning glory
Maiglöckchen
lily of the valley
Fingerhut
foxglove
Stiefmütterchen
pansy
Sternhyazinthe
bluebell
Sonnenblume
sunflower
Mohn
poppy

Wilde Tiere
Wild Animals

Elefant
elephant
Wal
whale
Tiger
tiger
Krokodil
crocodile
Fischotter
otter
Lama
lama
Katzenbär
panda
Wildschein
wild boar
Puma
puma
Antilope
antelope
Schlange
snake

Vögel Birds

Papagei
parrot
Kolibri
humming-bird
Gans
goose
Taube
pigeon
Tukan
toucan
Pinguin
penguin
Storch
stork
Schwalbe
swallow
Flamingo
flamingo
Ente
duck
Kanarienvogel
canary
Reiher
heron
Henne
hen
Specht
woodpecker
Rohrdommel
bittern
Küken
chicken
Hahn
cock

Kardinal
cardinal
Vogelnest
nest
Geier
vulture
Adler
eagle
Krähe
crow
Spatz
sparrow
Vogelhaus
aviary
Eule
owl
Schwan
swan
Löffelreiher
spoon-bill
Star
starling
Möve
sea-gull
Zaunkönig
wren
Fasan
pheasant
Strandläufer
sandpiper
Silberreiher
egret
Seeschwalbe
tern
Pelikan
pelican
Papageientaucher
puffin
Strauß
ostrich

Im Zoo
In the Zoo

Gorilla
gorilla
Zoowärter
guard
Elefant
elephant
Büffel
buffalo
Hirsch
deer
Nashorn
rhinoceros
Tiger
tiger
Fotograf
photographer
Krokodil
crocodile
ZOO

Geburtstag
Birthday

Dekoration
decoration
Hüte
hats
Luftballons
balloons
Girlande
garland
Kerzen
candles
Kuchenstück
piece of cake
Geschenk
present
Ratsche
ratch
Luftschlange
streamer
Überraschung
surprise
Knallbonbon
cracker
PARTY
Teddybär
teddy bear
Glückwunschkarte
greeting card

Fabrik
factory
Berg
mountain
See
lake
Segelboot
sailing-boat
Tankstelle
petrol station
Autobahn
motorway
Zapfsäule
petrol pump
Brücke
bridge
Landstraße
road
Mühle
mill
Bauernhof
farm
Wasserfall
waterfall
Rastplatz
lay-by

Auf großer Fahrt
On a Great Journey

Mein Körper
My Body

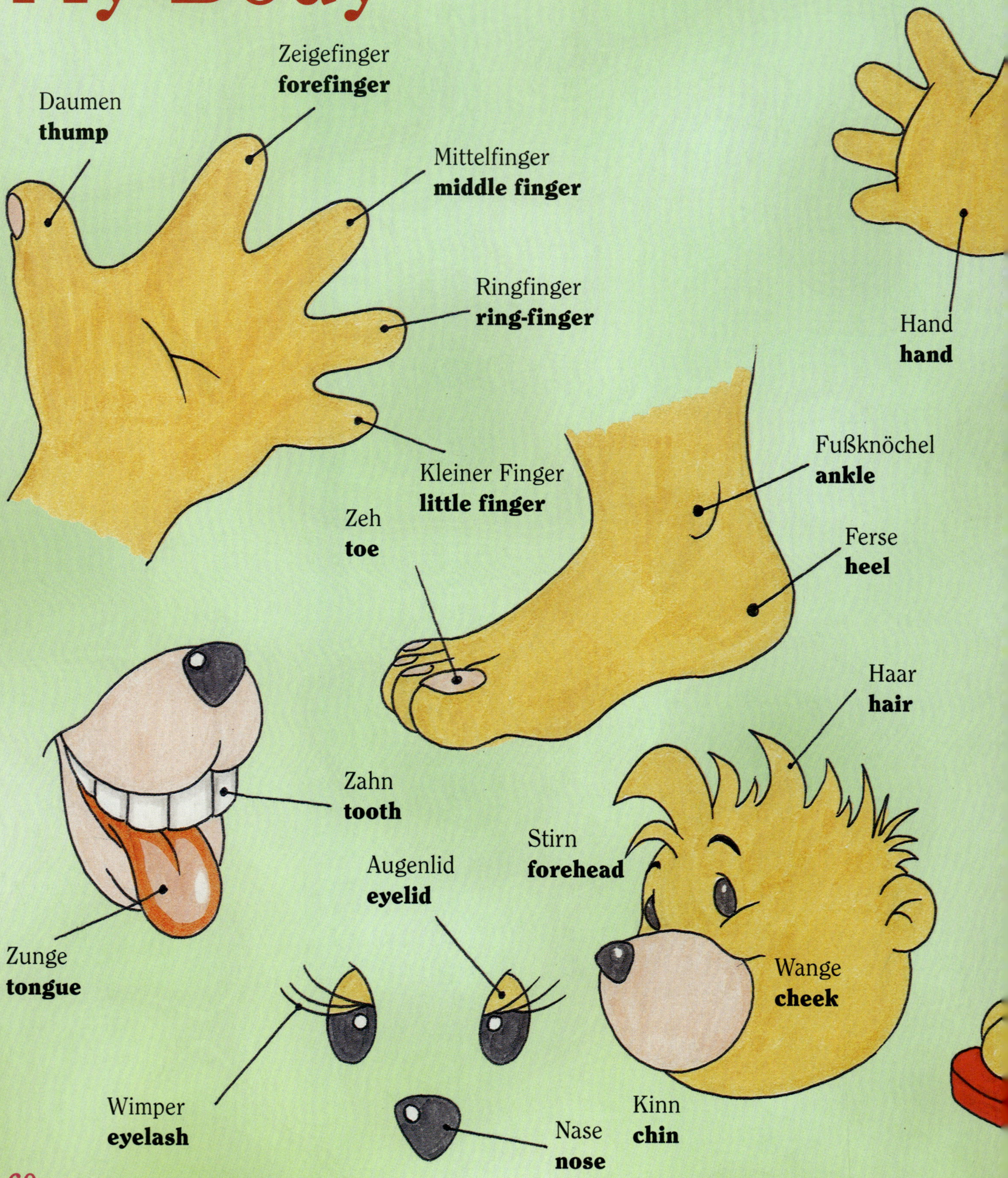

Augenbrauen
eyebrows
Ohr
ear
Auge
eye
Kopf
head
Lippen
lips
Hals
throat
Schulter
shoulder
Handgelenk
wrist
Arm
arm
Brust
chest
Ellbogen
elbow
agen
tomach
auchnabel
avel
Hüfte
hip
Taille
waist
Knie
knee
Bein
leg
Fuß
foot

Was wir tun
What We Do

graben
dig

bauen
build

blasen
blow

flüstern
whisper

schreiben
write

springen
jump

lesen
read

schreien
shout

laufen
run

gehen
walk

darüber springen
jump over

ziehen
pull

fahren
drive

schlafen
sleep

lachen
laugh

weinen
cry

hinfallen
fall down

lächeln
smile

Vater
father
Mutter
mother
Großmutter
grandmother
Großvater
grandfather
Baby
baby
Rassel
rattle
Schwester
sister
Laufgitter
play-pen
Flasche
bottle
Bruder
brother
Kinderbett
cot
Laufstuhl
go-cart

Das Baby
The Baby

Kameramann
cameraman

Lastwagenfahrer
lorry driver

Arzt
doctor

Matrose
sailor

Maler (Künstler)
artist

Lehrerin
teacher

Koch
cook

Pilot
pilot

Tischler
joiner

Berufe
Jobs

Bibliothekarin
librarian

Krankenschwester
nurse

Tennisspieler
tennis player

Sängerin
singer

Vater
father

Mutter
mother

Automechaniker
car mechanic

Tänzerin
dancer

Einzelhändler
shopkeeper

Briefträger
postman

Die Feuerwehr
The Fire-Brigade

Feuerwache
fire station

Warnlicht
warning light

Feueralarm
fire-alarm

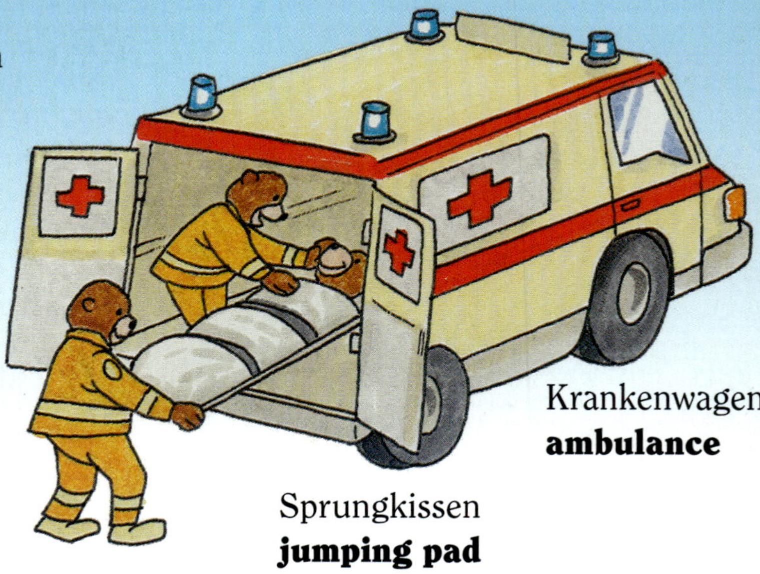

Krankenwagen
ambulance

Sprungkissen
jumping pad

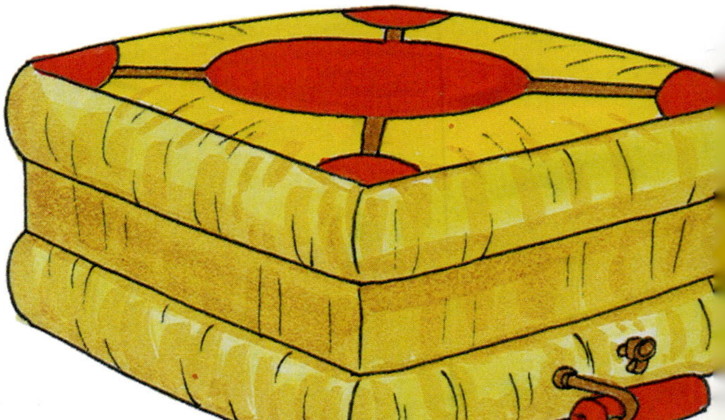

Feuerwehrmann
fireman

Streifenwagen
patrol car

Gürtel
belt
Gummistiefel
rubber boots
Rauch
smoke
Helm
helmet
Handschuhe
gloves
Beil
hatchet
Gasmaske
gas-mask
Wasser
water
Leiter
ladder
Feuerwehrwagen
fire-engine
Hydrant
hydrant
Düse
nozzle
Feuerwehrschlauch
fire-hose

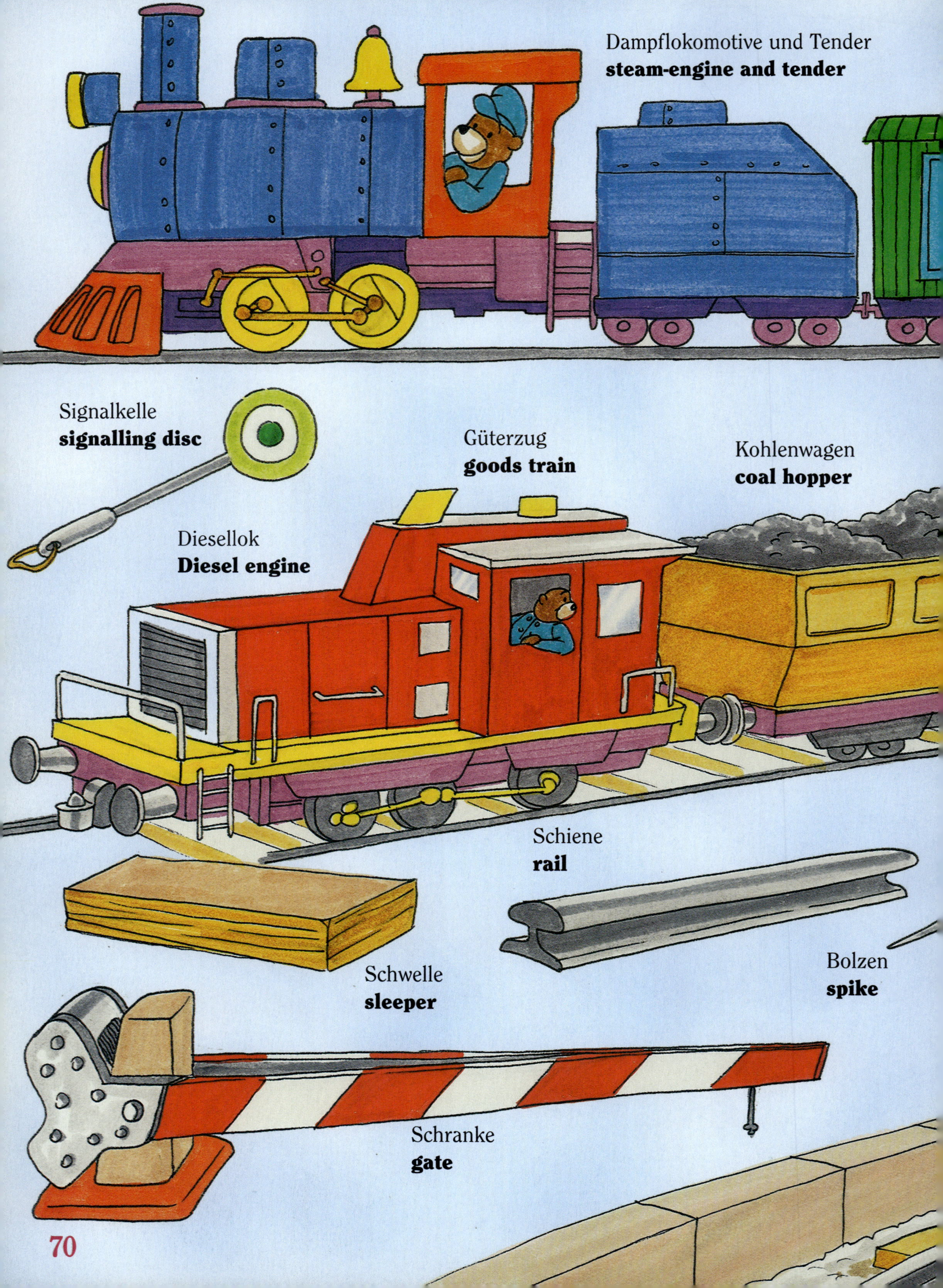
Dampflokomotive und Tender
steam-engine and tender
Signalkelle
signalling disc
Güterzug
goods train
Kohlenwagen
coal hopper
Diesellok
Diesel engine
Schiene
rail
Bolzen
spike
Schwelle
sleeper
Schranke
gate

Die Eisenbahn The Railway

Am Flughafen At the Airport

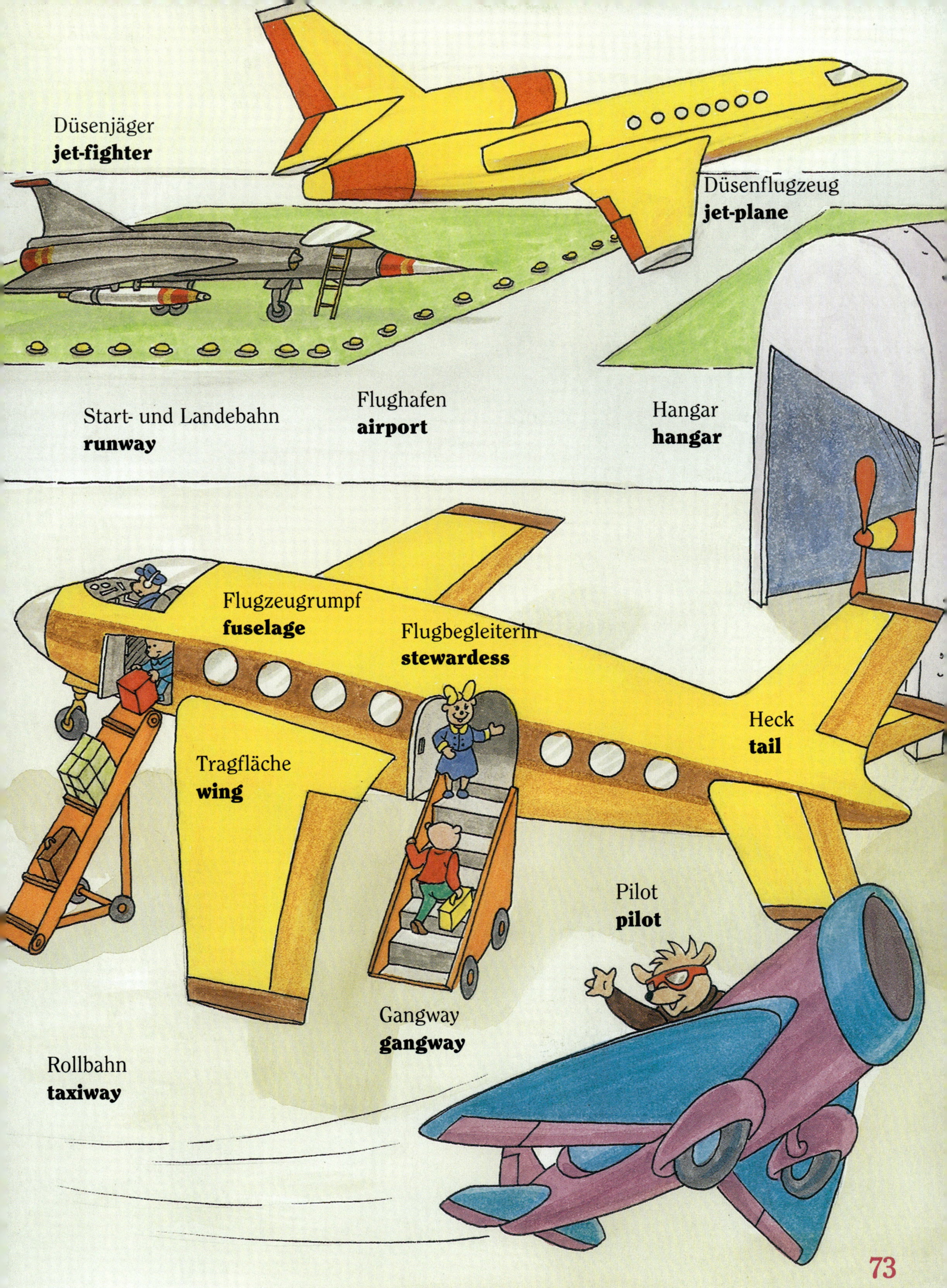
Düsenjäger
jet-fighter
Düsenflugzeug
jet-plane
Start- und Landebahn
runway
Flughafen
airport
Hangar
hangar
Flugzeugrumpf
fuselage
Flugbegleiterin
stewardess
Heck
tail
Tragfläche
wing
Pilot
pilot
Gangway
gangway
Rollbahn
taxiway

Schiffe und Boote

Ships and Boats

Maschinen

Planierraupe
bulldozer

Planierpflug
scraper

Schaufelbagger
shovel dredger

Machines

Bagger
excavator

Walze
roller

Gabelstapler
fork-lift truck

Werkzeuge
Tools

Sägebock
saw-horse

Zollstock
folding rule

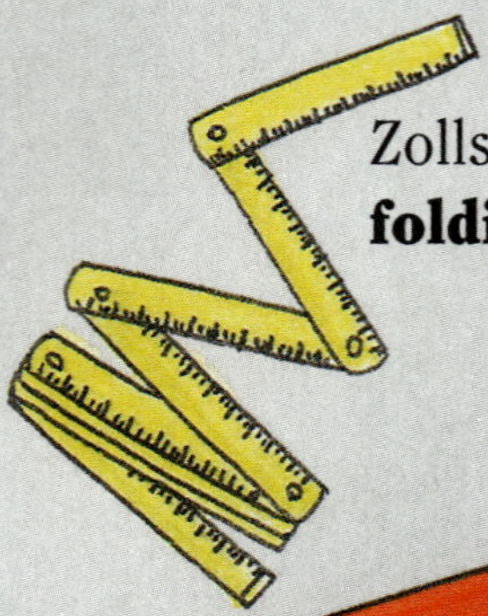

Schrauben
screws

Schubkarren
wheel-barrow

Maßband
measuring tape

Feile
file

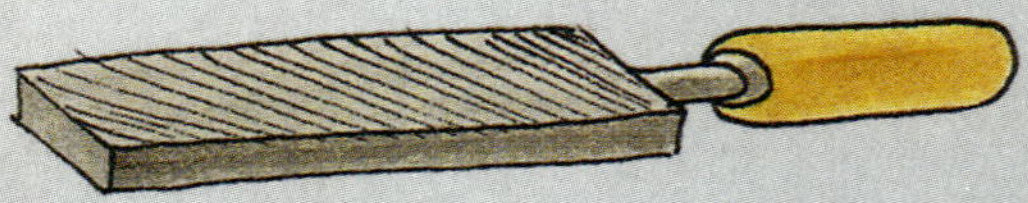

Leim
glue

Säge
saw

Nägel
nails

Axt
axe

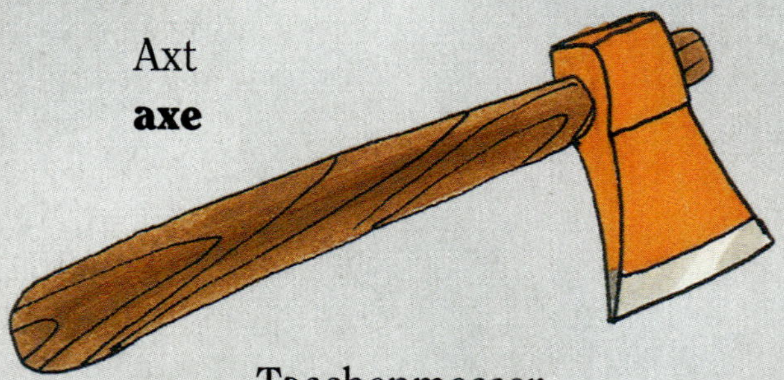

Schraubenzieher
screw-driver

Zange
pliers

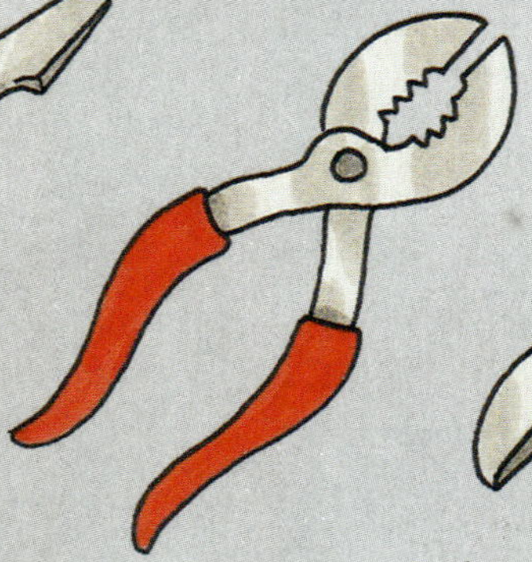

Taschenmesser
pocket-knife

Schraubenschlüssel
wrench

Arbeitshandschuhe
work gloves

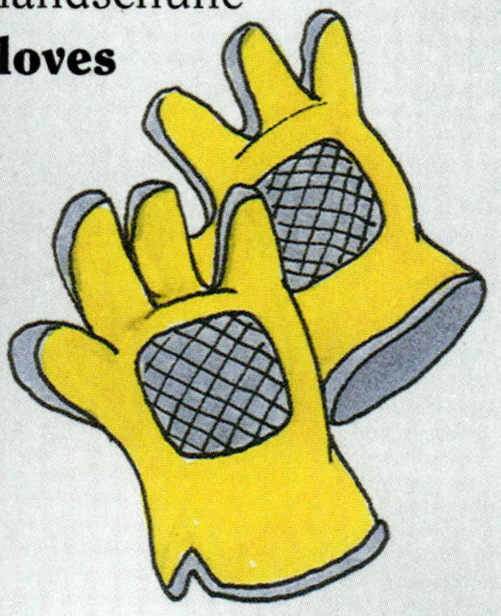

Schaufel
shovel

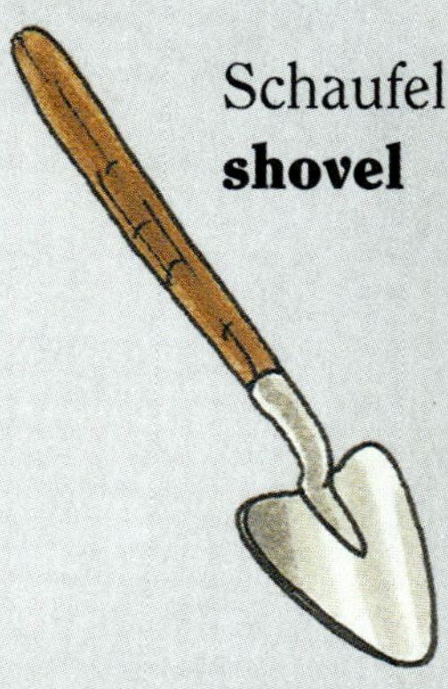

chlagbohrer
ercussion drill

Schutzbrille
goggles

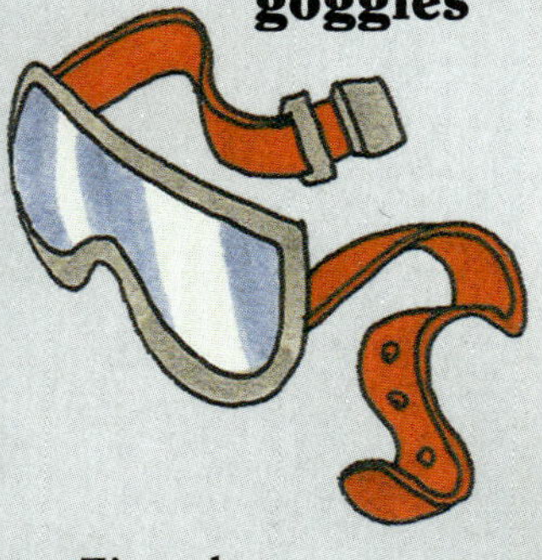

Helm
helmet

Ziegel
bricks

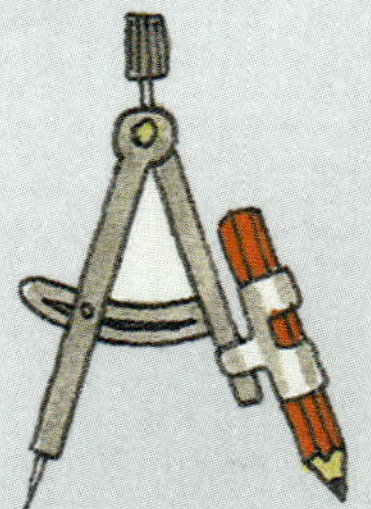

Zirkel
compasses

Mörtel
mortar

Schraubenmutter
female screw

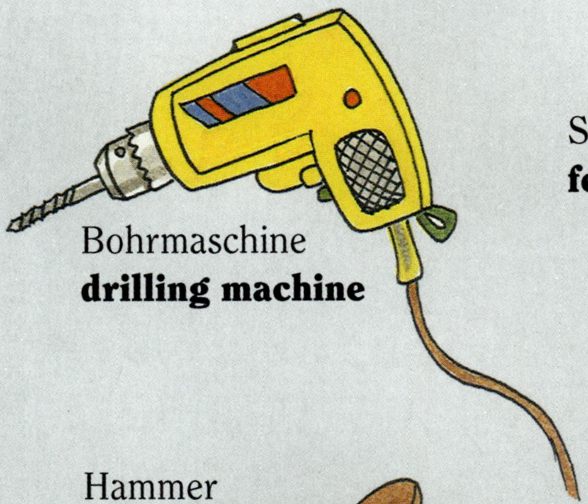

Bohrmaschine
drilling machine

Hammer
hammer

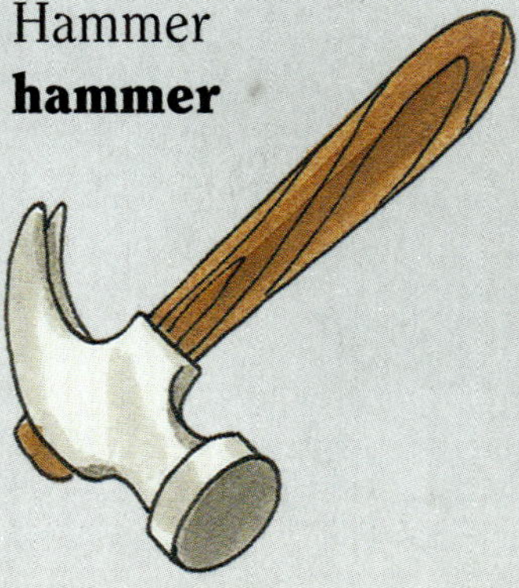

Spachtel
spatula

Alle weiteren Titel aus dem OTUS VERLAG findest du im Internet unter: www.otus.ch

Illustrationen: ART-GRAFICS-DESIGN, Miguel Epes

ISBN: 3-907194-85-3